AF460894

DISCOURS INÉDIT

DE

FÉNELON.

A CAMBRAI, CHEZ LESNE-DALOIN,
LIBRAIRE, GRANDE PLACE, n. 76.

DISCOURS

PRONONCÉ PAR

FÉNELON,

Archevêque de Cambrai,

LE JOUR DE LA BÉNÉDICTION DE M. DAMBRINES,

ABBÉ DU S.-SÉPULCRE, A CAMBRAI.

A PARIS,

CHEZ LOUIS JANET, LIBRAIRE,

RUE St. JACQUES, N° 59.

IMPRIMÉ CHEZ A. F. HUREZ, A CAMBRAI.

1828.

Le petit Discours que l'on offre aujourd'hui au Public a été prononcé en 1703 par Fénelon, lors de l'installation de Joseph Dambrines, Abbé du Saint Sépulcre à Cambrai. Le Manuscrit qui a servi à l'impression appartient à la Bibliothèque de cette ville, où il a été récemment découvert. Il n'est point autographe: on a des raisons de croire qu'il est de la main de l'Abbé Dambrines.

Le Glay.

Cambrai, 15 Août 1828.

Dominus custodiat introïtum
tuum et exitum tuum. (Ps. 120.)

Monsieur,

Je n'ai que trois choses à vous dire, qui surprendroient tout autre moins éclairé que vous. La première, Monsieur, que vous allez dépendre de tous vos religieux; la deuxième, que vous devez être le dernier de tous; la troisième, que vous devez être le plus soumis et le plus obéissant de tous.

Jésus-Christ, notre commun maître, qui n'est pas venu en ce monde pour commander, mais pour obéir, dit toutes ces choses en deux mots à ses apôtres : *Qui major est inter vos, fiat sicut minor. — Que celui qui est le plus grand d'entre vous, se fasse le plus petit.* Vous étiez libre auparavant; aujourd'hui, vous ne l'êtes plus. On peut vous dire présentement ce que le Sauveur même disoit à Saint Pierre : *Aliàs ibas quò volebas; nunc autem alter cinget te, et ducet quò tu non vis. — Autrefois, vous alliez où bon vous* *sembloit; à présent un autre vous liera et vous ménera où vous ne voudrez pas.* Voici que vous avez une communauté à gouverner *; vous n'aviez auparavant qu'à répondre pour vous seul; mais ce n'est plus cela. Vous répondrez pour tous ceux qui sont sous votre conduite; il faut que vous compatissiez à toutes leurs infirmités : si l'un a une tentation de superbe, si l'autre en a une de mécontentement, il faut que vous les portiez toutes; il faut que, par votre force, vous souteniez leur foiblesse; il faut que vous vous abaissiez avec eux, sans pourtant tomber pour les relever;

* L'abbaye du St.-Sépulcre, ordre de St. Benoît, fut fondée en 1064 par le B. Liébert, évêque de Cambrai.

(Note de l'éditeur.)

il faut que vous soyez tout à tous; que vous les portiez dans votre sein comme une charitable mère; que vous partagiez toutes leurs peines, toutes leurs disgrâces, enfin que vous vous chargiez d'une partie de leur fardeau, et que ce passage de l'apôtre se vérifie en vous: *Quis vestrûm infirmatur, et ego non infirmor? Quis scandalizatur, et ego non uror?* — *Qui est infirme sans que je le sois aussi? Qui est scandalisé sans que je brûle?* La règle que vous devez faire observer et que vous devez observer plus exactement qu'aucun autre est faite; il n'en faut pas faire d'autre. Ce n'est point à vous, mais à la règle à commander. Il doit y en avoir deux chez vous; une écrite, que l'on lise comme dans les livres, et une vivante, que vos religieux aperçoivent dans vos actions, tellement que quand on voudra être certain d'une pratique, on ait à regarder comme vous faites pour savoir comme on doit faire.

En vérité, un supérieur n'a-t-il pas belle grace d'exhorter ses religieux à pratiquer des choses qu'il ne pratique pas lui-même? Quel profit peut-il faire en prêchant l'humilité, la patience, la pauvreté, la tempérance, s'il se repaît des faux honneurs mondains, s'il ne veut rien souffrir, s'il est avare et attaché aux richesses qui ne sont que la boue de ce monde, et s'il aime à faire bonne chère? C'est une erreur qui n'est pas moins à craindre que ce que je viens de dire, de prétendre pouvoir bien gouverner chacun des religieux d'une même manière; cela est impossible. Vous devez vous étudier à connoître parfaitement l'intérieur de tous ceux que vous dirigez; et, comme vous n'en sauriez trouver deux dont les naturels soient tout à fait semblables, non plus que les visages, vous êtes obligé indispensablement d'accommoder votre conduite aux dispositions que vous rencontrerez dans chacun en particulier : et, c'est pour cette raison que j'ai dit que *vous devez être le serviteur de tous : — Omnium servire moribus*. Vous devez être aussi le plus obéissant de tous : car, comme l'ont très-bien remarqué Saint Augustin et Saint

Grégoire-le-Grand, ceux qui commandent, bien loin d'être exempts de l'obéissance, y sont plus obligés que les autres.

Vous seriez bien malheureux, si vous aviez recherché la charge de supérieur, comme une dignité honorable et avantageuse! A Dieu ne plaise que j'aie une pensée aussi mauvaise de votre vertu; je sais trop bien que vous ne l'avez aucunement recherchée; tout au contraire, que vous y avez été appelé de Dieu comme Aaron. L'église même se réjouit de votre promotion; toutes vos belles qualités qui vous en rendent si digne, ont porté tous vos confrères à vous demander et à vous choisir unanimement pour leur supérieur. Aussi seriez-vous grandement trompé si vous fussiez venu à cet emploi avec des vues terrestres, que la chair seule et le sang peuvent inspirer. Car, vous n'y trouverez rien moins que des consolations; vous porterez votre croix, qui sera d'autant plus pesante qu'elle renfermera en soi toutes celles d'un chacun de vos religieux; vous y aurez des peines d'esprit et de contradiction. Enfin, vous devez en tout et partout montrer l'exemple. Car, il ne faut pas croire qu'étant fait abbé vous soyez exempt des vœux que vous avez si solennellement professés : vous y êtes également obligé tout comme auparavant, tout comme le dernier des frères. Vous ne pouvez disposer de quoique ce soit, sinon pour l'utilité de votre maison et la gloire de Dieu. Non, en un mot, votre monastère ne vous appartient davantage qu'au moindre de vos religieux

Ne commencez point, comme tant d'autres, par bien régler le temporel, par orner des quartiers. Je ne saurois louer ceux qui commencent ainsi. Qu'on ne me vienne pas dire d'un abbé, pensant faire son éloge, qu'il fait de beaux bâtimens, qu'il nourrit bien ses religieux, qu'il s'étudie à parer des autels : je dirai qu'il ne fait rien moins que ce qu'il doit faire, et qu'il n'est pas même encore à l' A B C de son devoir. Voici néanmoins une église magnifique qu'il me plaît à voir *, mais unique-

* Cet édifice, qui est aujourd'hui l'église cathé-

ment à cause que je suis persuadé que les louanges de Dieu y sont et y seront chantées d'une manière qui corresponde à la majesté de celui pour qui elle a été bâtie.

S'il y a des grands biens dans les monastères, il faut qu'ils soient employés selon l'intention des pieux fondateurs; c'est-à-dire, au soulagement des pauvres qui sont les membres de J. C., et non dans mille superfluités qui ne sont pas moins contraires à la modestie religieuse, qu'aux vœux essentiels de la pauvreté. Commencez donc, première-

drale de Cambrai, venoit d'être achevé à l'époque où Fénelon s'exprimoit ainsi. On lisoit naguères encore ce chronogramme sur le frontispice :

eXtrVXIt LVDoVICVs MarbaIX.

(Note de l'éditeur.)

ment, par bien ordonner l'intérieur de votre monastère, par bien régler le spirituel qui doit être votre premier but : tâchez, surtout, de faire régner cette paix parmi vos enfants, cette charité et cette union fraternelle qui sont l'ame de la religion, et le comble de la perfection. Ne vous contentez pas d'un culte extérieur, qui ne conduit qu'à un pur judaïsme; faites que Dieu soit servi en esprit et en vérité: ne vous contentez pas, encore une fois, d'éloigner les vices grossiers de votre cloître: plantez-y les vertus chrétiennes et religieuses; cultivez-les par vos soins et vos travaux; excitez-les par vos exemples et arrosez-les par l'efficace de votre parole. Souvenez-vous, surtout, que vous êtes père, et que vous devez avoir des entrailles de père. Condescendez aux infirmités de tous vos enfants, autant que la charité et la conscience vous le pourront permettre, avec une tendresse et une bonté paternelles. Ayez, en même tems, cette sainte rigueur qui peut être bien souvent l'assaisonnement le plus propre des corrections les plus charitables. Mais, toutes les fois que vous vous en servirez, que ce soit uniquement pour le bien de celui que vous corrigerez. Il faut réprimer les vices : j'ose pourtant bien vous dire que, dans cette sainte communauté si régulière, où nous avons vu naguère un saint abbé *

* Le nom d'un homme qui a mérité d'être loué par la bouche de Fénelon, ne doit pas rester dans

s'endormir au Seigneur, il n'y en a pas apparemment en grand nombre, ni de fort éclatants. Néanmoins, il faut toujours veiller et être sur ses gardes; la chair est infirme; les tentations sont journalières; en un mot, ceux que vous allez gouverner, tout vertueux qu'ils pourront être, sont toujours des hommes comme les autres, sujets à l'inconstance et à mille révolutions. Nous espérons d'avoir la consolation d'apprendre que vous ne diminuerez rien de votre vertu ordinaire. Malheur à vous si la dignité d'abbé vous fait perdre quelque chose de religieux! Nous espérons que vous vivrez, étant supérieur, comme vous

l'oubli. *Louis Marbaix* avoit gouverné l'abbaye du St.-Sépulcre depuis 1684 jusqu'à 1703.

(Note de l'éditeur.)

avez toujours fait étant inférieur; avec cette différence, qu'aujourd'hui vous vivrez comme devant être l'exemple des autres, surtout succédant à un homme qu'on ne sauroit trop louer; qui a toujours si bien vécu, et si glorieusement gouverné cette maison, dont vous avez dès long-temps porté une partie du fardeau avec l'applaudissement, non seulement des séculiers, mais aussi de tous vos religieux, qui vous ont choisi d'une voix commune pour leur supérieur. Fardeau qui est d'autant plus grand, qu'il renferme une partie de ceux de vos enfants : car il faut que vous les assistiez et que vous les soulagiez dans leurs besoins; il faut que vous leur fassiez ressentir à tous, et en particulier, combien le joug du Seigneur est doux et suave; il faut que vous les meniez tous au bien et à la vertu; il faut que vous en fassiez des saints : et l'obligation que vous avez de leur rendre tous ces grands services aussi bien que tant d'autres que j'omets ici de peur d'être long, ne finira qu'à votre mort. Souvenez-vous, je vous en conjure, du compte que vous avez à rendre en ce terrible jour ! On a mis, comme vous avez vu, votre prédécesseur en terre; on vous y mettra aussi : et, peut-être plutôt que vous ne vous l'imaginez. Regardez la mort de près ! Seigneur, qu'il y en a beaucoup qui vous regardent de loin ! Songez qu'alors vous verrez tout à découvert, la vanité et la folie des grandeurs et des richesses de ce monde; trop tard, et à votre grand malheur, si pour lors vous ne commencez qu'à vous en apercevoir, et que vous n'ayez reconnu dès auparavant leur caducité. Nous vous donnons présentement la règle de Saint Benoît qui a mérité les louanges des plus saints personnages de tous les siècles pour son admirable tempérament; nous vous la donnons pour la faire observer à vos religieux, et particulièrement pour que vous l'observiez le premier et avec plus d'exactitude. L'esprit de cette règle est de faire des solitaires qui ne s'occupent que de prier Dieu, de louer son saint nom et de travailler des mains aux ouvrages les plus pénibles et les plus grossiers. L'esprit de Saint

Benoît est de détacher entièrement ceux qui veulent le suivre, du monde et de ses faux appas. Voilà l'idée de la règle de Saint Benoît. Tout ce qui se voit dans les monastères, qui n'est pas conforme à cette vérité, n'est que désordre, illusion et ignorance qui ne sauroient jamais prescrire contre la loi.

Il ne me reste, Monsieur, qu'à vous prier d'une chose, à savoir que nous ne soyons pas obligé de vous faire un jour ce reproche que l'ange de l'Apocalypse fit à cet évêque d'Éphèse : *Vide ne cessites in te primam tuam charitatem; — Ayez soin de faire revivre en vous votre premier zèle et votre première ferveur.* Non, non, Monsieur, je ne saurois le craindre : appelé de Dieu, comme vous avez été à cette charge, vous recevrez les graces nécessaires pour bien gouverner les autres et vous sauver vous-même. Je le souhaite de tout mon cœur, et je finis par où j'ai commencé : *Dominus custodiat introïtum tuum et exitum tuum.*

www.ingramcontent.com/pod-product-compliance
Ingram Content Group UK Ltd.
Pitfield, Milton Keynes, MK11 3LW, UK
UKHW020228180726
13838UKWH00005B/2248